3번의 부르심

3번의 부르심

/ 소명 /

조인상 지음

들어가는 글

세상 사람들은 흔히 말합니다. "성공이 인생의 목적"이라고. 저 역시 그렇게 믿고 달려왔습니다. 화려한 금융 세계에서 더 많은 돈과 더 높은 자리를 향해 질주하며 살았습니다. 남들보다 빠른 승진과 경력으로 스스로를 대단한 사람이라고 착각하며 살았습니다.

하나님의 계획안에 제가 있을 때부터 제가 쌓아 올렸던 모든 것이 무너졌습니다. 제 손에 있던 부와 명예는 순식간에 사라졌고, 제 주변에 있던 사람들은 흩어졌습니다. 그때 하나님은 저를 부르셨습니다. 아니 어쩌면 이미 오래전부터 저를 부르고 계셨는지도 모릅니다. 다만, 제가 듣지 않았고, 듣고 싶지 않았을 뿐입니다.

하나님이 저와 가정을 구원하시기 위해 부르셨을 때 저는 늘 의심하며 불순종하며 불평했지만, 하나님은 끝까지 저를 견인하시며 오늘의 저를 만들어 가셨습니다.

이 책은 저의 성공담이 아닙니다. 오히려 저의 실패담이며, 동시에 하나님의 은혜와 사랑의 이야기입니다. 제가 하나님 부르심을 통해 깨달은 것은 하나님께서 원하시는 것은 제 능력이 아닌 '순종'이라는 것입니다.

하나님은 저에게 많은 사람을 모으는 일이 아니라, 한 영혼을 소중히 여기며 그 영혼을 구원하는 일을 맡기셨습니다. 그리고 그 일을 위해 저를 훈련하시고, 연단하시고, 세워 가셨습니다.

혹시 이 책을 집어 드신 당신도, 지금 삶의 막다른 골목에서 방황하고 계십니까? 혹은 이미 하나님께서 여러 차례 부르고 계심에도 불구하고 외면하고 계시지는 않습니까? 하나님은 지금도 당신을 부르고 계십니다. **"내가 너를 도와주리라 내가 너를 사용하리라"**

그 음성에 순종하는 순간, 당신의 인생은 제 인생이 그랬던 것처럼 하나님의 놀라운 계획 속으로 들어가게 될 것입니다.

이 부족한 한 사람의 간증이 이 책을 읽는 모든 분들에게 도전과 위로, 그리고 새로운 결단에 도움이 되기를 소망합니다. 하나님의 한없는 은혜와 인도하심이 여러분의 삶에 가득하기를 간절히 기도합니다.

목차

들어가는 글 … 5

Part 1 3번의 부르심 … 9
Part 2 3번의 허락하심 … 27
Part 3 하나님의 견인하심 … 47
Part 4 하나님의 회복하심 … 65
Part 5 하나님께 영광 … 85

마치는 글 … 101

Part 1

3번의 부르심

"수고하고 무거운 짐 진 자들아 다 내게로 오라 내가 너희를 쉬게 하리라 나는 마음이 온유하고 겸손하니 나의 멍에를 메고 내게 배우라 그리하면 너의 마음에 쉼을 얻으리니 이는 내 멍에는 쉽고 내 짐은 가벼움이라 하시니라" (마태복음11:28-30)

세계적 지성인 중 한 분으로 노벨 문학상 수상자인 버트란트 러셀이란 분이 계십니다. 그는 **"나는 왜 그리스도인이 아닌가"**라는 글로 큰 반향을 일으켰습니다. 그는 심지어 책의 서문에서 "세상의 모든 종교는 모두 거짓이며 매우 해롭다고 생각한다."라고 주장하여 많은 크리스천들에게 **"나는 왜 그리스도인이 되었는가"**라는 내적 질문을 던지게 하였습니다.

'이 책을 읽는 당신은 왜 그리스도인이 되셨나요?' 혹은 '왜 그리스도인이 되기를 꺼리십니까?'라고 말입니다.

우리나라의 대표 지성인 중 한 분인 이어령 박사는 오랫동안 하나님을 부인하며 살았지만, 딸 이민아 목사의 기도와 하나님의 끝없는 간섭하심으로 결국 주의 자녀가 되었다고 그의 책《지성에서 영성으로》에서 고백합니다.

우리는 나도 모르는 사이 다양한 방법으로 신앙을 접

합니다. 부모의 신앙 유산, 누군가의 권유, 한계 상황에서의 자발적 의지, 등이 있겠지요. 그렇지만 이 모든 것은 바로 하나님의 집요한 부르심입니다.

저명한 방송인이며 크리스천 작가인 맬컴 머거리지는 자신에 대한 하나님의 집요한 부르심을 이렇게 표현합니다. "맞습니다. 당신은 거기 계셨습니다. 나도 압니다. 내가 아무리 빨리 달려도 바싹 다가오는 당신을 볼 수 있었지요. 그러면 나는 더 빨리 달리면서 이제는 정말 도망쳤다고 의기양양했습니다. 하지만 당신은 여전히 내 뒤를 따라오고 계셨습니다. 이제는 더 이상 도망칠 곳이 없습니다."라고 고백했습니다.

시편 23편 6절 말씀에 보면 *"내 평생의 선하심과 인자하심이 반드시 나를 따르리니 내가 여호와의 집에 영원히 살리로다"*라고 말씀합니다.

여기서 '따르다'는 '추적하다. 미행하다'의 뜻입니다. 그분의 추적을 피할 수 없습니다. 그의 추적이 시작되면 도망쳐 봐야 그분의 손바닥 안입니다. 도망쳐 봐야 고통이고 소용도 없습니다. 제가 많이 도망쳐 보았습니다. 헛수

고입니다. 하나님은 우리를 끝까지 추적하는 것에 그치지 않고, 최후의 막다른 길에서 우리에게 **'어서 내게 오라'**라고 두 팔을 활짝 벌려 초청하십니다. 결국, 우리가 그리스도인이 되는 것은 하나님의 부르심 때문입니다. 마찬가지로 그리스도인이 되길 꺼리는 것은 하나님의 부르심을 잘 듣지 못하기 때문입니다. 그러나 하나님은 집요하십니다.

오늘 저는 우리를 부르시는 주님, 저를 부르셨던 주님에 대해 말씀을 전하고자 합니다.

1번째 부르심은 구원으로 부르심입니다

마태복음 11장 28절에 *"수고하고 무거운 짐 진 자들아 다 내게로 오라 내가 너희를 쉬게 하리라"*라고 말씀하십니다. 이 말씀은 역사상 가장 위대한 초대, 즉 우리 주 예수 그리스도로의 초대입니다.

여러분들은 어떻게 주님이 부르셨는지요?

저는 40년 평생을 교회라고는 가 본 경험이 없는 자였습니다. 어머니께서 노년에 친구분의 권유로 가끔씩 취미 생활처럼 교회에 나갔던 것 외엔 집안 식구 누구도 교회를 다녔던 적이 없었습니다. 그런 상황에서 제가 목회자의 길을 걷고 있는 것은 전적으로 하나님의 은혜입니다.

화재 보험사에서 자산운용을 담당했던 저는 개인적으로도 상당한 돈을 모았으나 더 많은 물욕과 세상적 성공, 욕심으로 친구와 함께 창업투자사를 차렸습니다. 처음에는 별문제 없이 잘 되던 회사는 IMF의 시작과 함께 어려워지기 시작했습니다. 하나님의 간섭이 시작된 것입니다. 수십억을 투자한 회사는 부도가 나고 많은 투자금이 휴지가 되었습니다. 제 돈만 문제가 아니라 지인과 투자자의 돈도 날아가 버리기 시작했습니다.

이 고민과 번뇌의 기간에 아내(당시 광명시 하안동에서 교사생활)는 뜬금없이 새벽에 기도를 하겠다며 집 근처의 한 교회에 나가기 시작했습니다. 아내는 하루도 빠짐없이 약 한 달을 새벽 기도를 하러 교회로 나가더니 곧 그 교회로 등록을 하였습니다. 그 교회는 광명에 있는 다사랑 침례교회였습니다.

그러던 1997년 봄, 아내는 저에게도 교회에 한번 나가보자고 권유합니다. 교회에 나가면 마음도 편안을 얻고 기도하면 회사의 어려운 문제도 하나님께서 해결해 주실

지도 모른다면서요. 저는 속으로 '말도 안 되는 소리 말라'고 소리쳤지만, 가정의 안녕과 평화를 위해 교회에 나가기 시작했습니다. 그때가 제 나이 40이었습니다.

그렇게 시작된 신앙이 무슨 큰 변화가 있었을까요?

저는 목사님 말씀을 때로는 자장가로, 가끔은 '그래, 그 말은 맞지'하며 무려 5년을 교회 다니는 남자로 살았습니다.

반면에 아내는 바쁜 직장 생활 와중에도 정말 열심히 교회에 다녔습니다. 십일조는 물론이고 새벽 예배를 포함한 모든 공예배를 하나도 빠짐없이 드렸으며 권사님 같은 새신자 생활을 하였습니다. 교회에 다닌 지 일 년이 지났을 땐 초등부 교사로, 또 이후엔 중등부 교사 부장 집사로 그렇게 점점 교회에 기둥 같은 성도로 성장하였습니다.

아내는 방학만 되면 오산리 금식기도원에 가서 금식하며 기도에 집중하였습니다. 저는 아직 한 번도 못 한 21일 금식기도를 주님께 드렸고, 교회에서는 일천번제로 새벽의 제단을 쌓았습니다. 아마도 제가 목회자로 예비된 길을 가기 위한 기도의 분량을 아내를 통해 채우게 하시려는 하나님의 계획이었던 것 같습니다. 제가 주님의 부르심을 깨닫지 못하니, 아내를 통해 대신 주신 부르심이 나의 1번째 부르심이었습니다.

2번째 부르심은 제자로의 부르심입니다

주님의 사역에는 수많은 무리가 따릅니다. 그들은 주님의 공급하심에 열광하고, 주님의 치유하심에 기뻐합니다. 그러나 그 기쁨과 흥분의 시간이 지나면 아이돌 공연 관객처럼 무리들은 순식간에 떠납니다. 우리는 주님을 따르는 팬(무리)을 넘어서야 합니다. 그 부르심이 바로 2번째 부르심이었습니다. 믿는 자들을 향한 제자로의 부르심 말입니다. 주님은 말씀하십니다.

"나는 마음이 온유하고 겸손하니 내게 와서 배우라" (29절)

아내가 중고등부 교사를 하면서 저는 청소년부 차량 봉사를 하게 되었습니다. 교회에서의 첫 봉사였습니다. 차량 봉사를 하면서 여러 차례 수련회를 따라가게 되었는데, 그 경험은 믿음 없던 제가 더 많은 은혜를 받는 자리가 되었습니다.

그리고 2008년부터 정식 중등부 교사로 '공산당도 무서워한다'는 중 2반을 담당하게 되었습니다. 저는 한 여학생을 전도하였는데 그 친구가 반 친구를 10명 가까이 데려오면서 우리 학년이 분반하는 부흥을 이루기도 하였습니다. 제가 경험한 첫 부흥이었습니다.

2007년에는 하계 청소년부 여름 수련회를 교사로 참석하게 됩니다. 그리고 저녁 집회시간 함께 찬양과 기도 중 하나님의 음성을 듣는 역사를 경험하게 됩니다. 학생들의 회개와 고백에 저도 회개의 고백이 순식간에 터져 나왔습니다. 그리고 처음으로 주님의 음성을 듣게 됩니다.

그때 주님이 주신 음성은 **"신학교에 가라"** 라는 음성이었습니다. 저는 그 음성이 무엇인지도 몰라 그냥 무시하고 넘겼는데, 그 후 계속해서 기도할 때면 그 음성을 주셨습니다. 그 일은 몇 개월간이나 계속되었습니다. 저는 한 번도 생각하지도 않았던 일이었지만, 계속된 주님의 음성 앞에 복종하지 않을 수 없었습니다.

    결국, 저는 그다음 해 신학대학원에 입학하였습니다. 제 나이 50살이었습니다. 그리고 '공부까지는 뭐 나쁠 거 있나? 목사를 하라는 것도 아닌데, 은퇴 후에 선교사의 일을 감당하게 하시려나?'라고 생각했습니다. 이것이 주님이 저를 향하신 2번째 부르심, 제자로의 부르심이었습니다.

    제자라는 것이 무슨 의미입니까?

    제자란 두 가지 요건을 충족해야 하는 사람입니다. 하나는 그분의 성품을 닮아가는 것이고, 다른 하나는 그분의 삶을 계승하는 것입니다. 그분이 가졌던 마음을 닮아가야 그분이 갔던 길을 따를 수 있습니다. 주님의 성품 즉 온유와 겸손의 마음을 닮아야 십자가의 길을 걸어갔던 주님의 사역도 감당할 수 있습니다.

"너희 안에 이 마음을 품으라 그는 근본 하나님의 본체시나 하나님과 동등 됨을 취할 것으로 여기지 아니하시고 오히려 자기를 비워 종의 형체를 가지사 사람들과 같이 되셨고 사람의 모양으로 나타나사 자기를 낮추시고 죽기까지 복종하셨으니 곧 십자가의 죽으심이라" (빌립보서 2:5-8)

그러나 주님의 2번째 부르심에도 저는 온전함과 순종의 모습은 없었습니다. 저는 믿음의 자녀로는 고백했지만, 그분의 성품을 닮아가지는 못했습니다. 육신의 정욕, 안목의 정욕, 이생의 자랑에서 벗어나지 못했고, 더구나 그분의 길을 따라가겠다는 마음이 부족했습니다. 그때 다시 주님은 다시 저를 부르셨습니다.

3번째 부르심은 사명으로의 부르심입니다

29절에 *"내 멍에를 메라"*, 그리고 30절 말씀입니다. *"이는 내 멍에는 쉽고 내 짐은 가벼움이라"*.

주님의 제자라면 불가피하게 지어야 하는 짐이 있습니다. 바로 사명의 짐입니다. 주님은 이 짐은 쉽다고 말씀합니다. 그러나 실제는 절대 쉽지 않습니다. 그래서 반드시 제자로의 삶에 순응하는 자에게 사역을 맡기십니다. 순응하는 자만이 사명의 짐을 쉽고 가볍게 느낄 것입니다.

사명은 각각의 모든 신앙인에게 그 믿음의 분량대로 은사대로 주어집니다. 모든 믿는 자에게는 반드시 사명이 있습니다. 그러나 우리가 주님의 제자가 되겠다는 마음을 가지지 않으면 사명의 부르심을 깨닫지 못합니다. 부르심의 이해 없이 사역하면 나의 의가 나타납니다. 내 생색, 내 의로움, 내 자랑, 그렇게 되면 반드시 다른 사람과 불화가 생기고 또 사역 때문에 힘들어지고 심지어 교회를 떠나기도 합니다.

제가 신대원 2학년이었던 해 여름이었습니다. 동기들과 기도 모임을 했습니다. 뜨겁게 기도했습니다. 생각해 보면 그때가 가장 뜨거웠던 시절이었습니다. 그때 주님께서 말씀하셨습니다. **"목회 준비를 하라"** 정신이 번쩍 들었습니다. 가슴도 막막했습니다. '성경이라곤 처음부터 끝까지 일독도 제대로 못 한 내가 어찌 목회의 길을 가라고 하시나?' 그래서 '저는 못 합니다! 제가 어찌 그 일을 할 수 있습니까?'라고 반항하였습니다. 그때 하나님께서 저에게 격려해 주셨던 말씀이 고린도전서 1장 27~28절 말씀입니다.

"그러나 하나님께서 세상의 미련한 것들을 택하사 지혜 있는 자들을 부끄럽게 하려 하시고 세상의 약한 것들을 택하사 강한 것들을 부끄럽게 하려 하시며 하나님께서 세상의 천한 것들과 멸시 받는 것들과 없는 것들을 택하사 있는 것들을 폐하려 하시나니"

하나님은 **"네 부족함을 내가 안다. 그러니 내게 의지하고 나만 따르라!"**라고 말씀하시는 것 같았습니다. 저는 더 이상 반항할 수가 없었습니다. 그리고 기꺼이 순종하겠다고 고백하였습니다.

발등에 불이 떨어졌습니다. 목자로의 준비는 거의 0점

이었던 제게 주님은 말도 안 되는, 감당할 수 없는 짐을 주셨습니다. 저는 남은 1년 반을 다른 모든 것을 모두 내려놓은 채 말씀과 기도로 목자로의 길을 준비하였습니다. 순종하니 말씀처럼 그 짐이 가벼울 것 같았습니다. 그 시절 주님은 이사야 41장 10절 말씀으로 또 힘을 주셨습니다.

"두려워하지 말라 내가 너와 함께 함이라 놀라지 말라 나는 네 하나님이 됨이라 내가 너를 굳세게 하리라 참으로 너를 도와주리라 참으로 의로운 오른손으로 너를 붙들리라"

우리는 주님이 자신의 십자가를 능히 감당하셨던 것처럼 우리도 주님이 주신 사명을 능히 감당해야 합니다. 주님은 십자가를 지는 것이 인류 구원을 위한 자신의 사명임을 알았습니다. 때가 이르렀을 때 주님은 겟세마네 동산에 올라 기도하시고, 그리고 주저함 없이 감당하셨습니다.

우리에게 사명의 멍에는 내 일이 아닙니다. 주님의 일입니다. 그래서 주님이 책임지십니다. 어차피 지어야 할 일이라면 기꺼이 감당해야 합니다. 지체하지 마십시다! 기꺼이 순종하는 만큼 그 짐이 가벼워질 것입니다. 기쁨으로 지는 짐은 주님이 함께 들어 주실 것입니다. 또한, 대신 짐을 져 주시는 은혜를 경험하게 될 것입니다.

  1995년 삼풍백화점 붕괴 사고가 있었습니다. 수많은 인명 피해와 경제적 손실이 있었습니다. 그 사건 가운데 말도 못하고 죄책감에 시달린 한 분이 있었습니다. 누구일까요? 바로 삼풍백화점 대표이사 이한상 씨였습니다. 그는 10여 년의 세월이 흐른 후 한 신문사와 인터뷰를 하였습니다. 그는 이렇게 고백합니다. 저는 초등학교 때부터 교회를 나갔지만, 신앙의 사람은 아니었습니다. 하나님보다 더 사랑한 게 많았습니다. 부귀영화의 중심에 있었으니까요. 사고와 함께 호화로운 나의 삶은 끝났습니다. 변변한 옷 한 벌 없는 삶이 되었습니다. 그는 감옥에서 성경을 읽다가 말씀 한 구절에서 눈을 뗄 수가 없었습니다. 그 말씀은 요한복음 21장 15절 말씀입니다. '*요한의 아들 시몬아 네가 나를 사랑하느냐*' 나는 주님을 결코 버리지 않겠다고 고백했던 베드로가 주님을 3번 부인하며 주님을 버렸던 그에게 주님이 찾아오셔서 물으셨던 말씀이었습니다. 그는 그 말씀 앞에 대답하지 않을 수 없었다고 합니다. "네! 주님." 그는 형기를 마치고 출소 후 주님의 뜻을 찾다가 몽골 선교사를 돕는 일을 합니다. 그곳에서 빛도 없는 힘든 사역을 감당하며 주님의 손길과 사명을 발견하게 됩니다. 그는 고백합니다. 그곳의 삶이 자신의 회복은 물론 힘들고 어려운 자를 도우며 마음의 빚을 치유케 하시는 주님을 만났으며 예전보다 더 안락하고 평화로운 삶을 살고 있다고 말입니다.

저도 주님의 부르심이 목회 사역에 원천입니다. 힘들고 포기하고 싶을 때도 이 부르심을 생각하면 다시 일어나게 됩니다. 저에게 부르심의 소명이 없었다면 포기할 수밖에 없었을 것입니다. 저는 이 부르심에 오늘도 제힘으로는 감당할 수 없는 주님 사역을 기꺼이 감당하고 있습니다.

주님은 지금 이 순간에도 여러분을 초청하시고 계십니다.

"수고하고 무거운 짐 진 자들아 다 내게로 오라 내가 너희를 쉬게 하리라"라고. 그리고 **"온유와 겸손으로 내게 배우라 그리고 내 짐을 지어라"**라고 말입니다.

지금이 순종의 때입니다. 결단의 때입니다.

'네, 주님의 자녀로 살겠습니다'

'네, 주님의 제자로 살겠습니다'

'네, 주님의 사명을 감당하며 살겠습니다'라고 고백하는 주의 백성들이 다 되시기를 예수님의 이름으로 축원합니다.

Part 2

3번의 허락하심

"들으라 너희 중에 말하기를 오늘이나 내일이나 우리가 어떤 도시에 가서 거기서 일 년을 머물며 장사하여 이익을 보리라 하는 자들아 내일 일을 너희가 알지 못하는도다 너희 생명이 무엇이냐 너희는 잠깐 보이다가 없어지는 안개니라 너희가 도리어 말하기를 주의 뜻이면 우리가 살기도 하고 이것이나 저것을 하리라 할 것이거늘"
(야고보서 4:13-15)

저는 지금까지 목회 여정을 걸어오며 늘 하나님의 뜻을 구하며 살았다고 고백했지만 제 안에는 여전히 사람의 계산과 계획 그리고 세상적인 기대가 있었습니다.

본문 야고보서 4장은 **"주의 뜻이면"**이라는 고백을 제 입술에 그리고 제 삶 속에 새기게 한 말씀입니다.

지금부터는 제 목회의 흐름을 따라 3번 개척한 교회에 대한 하나님의 허락하심을 고백하며 주님의 간섭에 은혜를 함께 나누고자 합니다.

1번째 허락하심 — 우장산 지하교회

2011년 3월 신학대학원 졸업 즈음에 담임 목사님께서

"어디 갈 곳을 정했느냐?"고 물으셨을 때, 저는 "아직 기도 중입니다."라고 답했습니다. 목사님은 안산에 있는 한 목사님이 다른 곳의 교회로 청빙 받아 후임 목사를 구하고 있는데 제가 그곳에 가면 어떻겠다고 소개하였습니다. 아내와 함께 그 교회를 방문하니 그 교회는 도심 가운데 아파트들이 주변에 운집한 곳이었고 예배당이 깨끗하게 꾸며져 있고 약 20여 분이 모여 예배하는 교회였습니다.

여러 상황이 제가 보기에도 너무 좋아 보였습니다. 감당할 수 있을 것 같았습니다. 저를 위해 처소를 예비해 주신 것 같았습니다. 좋은 길을 허락하심을 감사하며 기도했습니다. 하지만 집으로 돌아온 후 기도할 때마다 마음 한편에는 늘 채워지지 않는 공허함이 있었습니다. '하나님께서 허락하시는가?' 하는 의구심이 들었습니다. 어떤 때는 기도하면 마음 가운데 불안함이 자꾸 엄습했습니다. 허락하지 않으시는 마음을 계속 주셨고, 결국 목사님께 죄송한 마음으로 그 뜻을 전했습니다.

그리고 6개월 후, 저는 강서구 우장산역 근처에 있는 한 작은 지하 상가교회를 알게 되었습니다. 그곳 목사님은 교회 이전을 앞두고 기존 처소에 오실 새 목회자를 위해 기도 중이셨습니다. 비록 지하였지만, 유동 인구가 많고 교통 중심지에 있었기에 전도하기에 적합했습니다. 월세도 비싸지 않고 특별히 그 교회 목사님께서 제가 처음 개척한다고 하니 1년간의 월세를 지원해 준다고까지 하셨습니다. 지금 생각해도 정말 감사했던 도우심이었습니다. 저는 그곳으로 가겠다고 결심하고 허락하심을 기도했습니다. 어떤 마음에 요동도 없었고 하나님이 허락하심에 어떤 의심도 없었습니다.

그곳에서 첫 감사예배를 드리던 날, 벅찬 감격은 지금도 잊을 수가 없습니다. 알고 지내던 지인들 중 불신자를 초청해서 첫 예배를 드렸습니다. 그들은 비록 대부분 우리 교회 성도가 되지 못했지만, 그들 중 일부는 복음을 받아들이고 신앙생활을 하고 있습니다.

매일 아침부터 전도지를 돌리며 하루에 5시간, 많게는 7시간씩 전도했습니다. 이때 순복음교회 다니시는 한 집사님이 혼자 전도하는 제 모습을 보고 일주일에 두 번씩 약 4개월 동안 전도를 도와주시기도 하였습니다.

고교 후배가 인사하려 왔다가 형 교회에서 신앙생활 해 보겠다고 첫 성도로 등록하였고, 근처에 사시던 아내 친구의 친구분이 인사차 왔다가 또 등록하였습니다. 그리고 놀랍게도 매달 새로운 성도들이 스스로 지하교회로 찾아왔습니다.

한 달쯤 되었을 때 이미 네 가정이 등록했고, 6개월이 지나자 약 25명 내외의 성도가 모였습니다. 모두 신앙의 연륜이 있으신 분들로 십일조도 드리고 헌신하셨기에 재정을 감당하기에 부족함이 없었고, 안정적으로 첫 목회의 발걸음을 내딛게 되었습니다. 오죽하면 '목회가 이렇게 쉽지'라는 생각이 들 정도였습니다.

〈2011년 11월 6일 첫 예배〉 초대된 불신자 지인들과 함께!

이것은 하나님께서 초보 목사인 저를 향한 큰 격려와 위로의 선물이었습니다. 시작하는 초보 목사를 위해 힘 주시고 용기 주시기 위해 예비하신 선물이었습니다.

 그런데 그때 하나님은 새로운 사건으로 저를 이끄셨습니다. 어느 날 갑자기 교회에 물이 새기 시작했습니다. 주인에게 상황을 말하니 '오래된 건물이라 수리가 불가능하다 그러니 그대로 계시든지 이사하시면 된다'고 말씀하십니다. 저는 주변 상가 중 지상에 있는 상가를 알아보기 시작했습니다. 그러나 마땅한 처소를 구할 수가 없었습니다. 그곳에서 예배드림은 계속할 수 없었고 초짜 목사에 대한 하나님의 격려와 위로도 거기까지였습니다. 그리고 하나님께서는 제가 꼭 필요한 곳이 아닌 하나님이 꼭 필요하다고 생각하시는 곳에 허락하실 계획이 있었음을 나중에 알게 되었습니다.

2번째 허락하심 — 김포 아파트상가교회

 저는 새로운 처소를 찾기 시작했고, 김포 신도시에서 교회를 개척하면 부흥할 것이라는 기대를 가졌습니다. 장기동, 운양동, 구래동 등 시간 날 때마다 방문해서 가장 좋을 것 같은 곳을 찾았습니다. 그러나 수없이 찾아보아도 마땅한 곳이 없었습니다. 어떤 곳은 가격 때문에, 어떤 곳은 주인이 허락하지 않아서, 어떤 곳은 이유 같지 않은 이유로 계약을 할 수 없었습니다.

당시 우리 집은 목동에, 아내는 학교를 김포로 다녔는데, 교회당을 얻지 못하면서 집을 먼저 이사하게 되었습니다. 김포 고촌에 있는 아파트를 계약하기로 하고 부동산에 도착해 그 아파트 단지 내 상가 2층의 빈 상가를 우연히 보게 되었습니다. 상가는 오랫동안 방치된 채로 흉물처럼 되어 있었습니다. 상가 주인은 부동산의 연락을 받고 나에게 연락해 왔습니다. "교회로 쓰시면 임대료를 저렴하게 드리겠다"고 했지만, 적지 않은 선순위 채권이 마음에 걸렸고 위치도 마음에 내키지 않았습니다.

그런데 아내는 교회 이전을 놓고 기도하면서 **"교회도 있고 집도 있다"**는 기도 응답을 받았다며 기도 응답 노트를 내게 보여 주었습니다. 아내는 이곳이 하나님이 허락하신 곳이라고 확신했습니다. 저도 그 말이 하나님의 뜻이라고 받아드렸고, 결국 순종하며 그곳에서 2번째 교회를 열었습니다. 한 달 보름여 동안 인테리어를 하시는 한 집사님과 함께 땀 흘리며 방치된 상가를 리모델링하고,

첫 교회에서 함께 했던 한 가정의 성도님과 첫 예배를 드렸습니다. 다른 성도님들은 가까운 교회로 안내해서 보내고 새신자 한 가정만 함께 했지만 그 성도님도 한 달 조금을 다니다 떠났고, 아내와 둘이 다시 예배를 드리게 되었습니다. 둘만의 예배는 참 힘든 시간이었습니다.

그렇게 둘만의 예배가 두 달이 지나던 때, 아내가 다니던 학교 신앙을 모르는 학부모 한 가정이 나오게 되었습니다. 그분의 친척들과 친구들과 함께 교회가 나오기 시작하였고, 갑자기 성도님들이 늘어나 20명 가까이 모였습니다. 너무나 감사하고 기뻤습니다. 새 신자만 모인 교회로 세우고자 한 계획대로 이루어지는 것 같았습니다. 많은 새 영혼을 만났고 복음을 전했습니다. 학부모를 비롯하여 아파트 주민, 도시농부학교, 사회복지관, 도서관, 탁구장 등에서 만난 많은 분들에게 주님을 전하고 열매도 맺었습니다.

하나님은 제가 가려던 신도시 대신에 이곳 상가에서 또 한 영혼을 구원하시길 원하셨습니다. 그 영혼은 바로 상가 주인이었습니다. 상가 문제로 통화하던 중 지나는 말로 상가 주인께서 교회에 나오셔야 한다고 얘기했는데 진짜 그 다음주부터 멀리 미아리에서 목회기간 동안 매

주 교회에 나오셨습니다. 제약 유통쪽에 일을 하시는데 심성이 바르셨습니다. 당시 부도도 맞으시고 사업적 어려움이 있었던 때였습니다.

한 영혼뿐 아니라 그곳에서 많은 새신자들을 주님께 인도하였습니다. 비록 제가 그들은 온전하게 하는 일을 잘못했을지라도 주님이 그들을 온전하게 하실 것을 믿습니다. 그것이 저의 역할이었습니다.

대신에 하나님이 그곳에서 허락한 축복은 새벽기도회의 부흥이었습니다. 주일 본 예배는 새신자들과 씨름했지만, 새벽기도에는 모두 다 아는 큰 교회 집사님들이 오셔서 정말 부흥 성회 같은 새벽기도를 허락하셨고, 그때의 격려와 위로를 잊을 수가 없습니다.

저는 성경 공부와 말씀으로 양육했지만 새신자들을 저의 힘으로 변화시키는 일은 쉽지 않았습니다. 새로 신앙생활을 시작한 성도들은 주일에 모여 밥 먹고 교제하고 주일 예배에 참석하고 주정헌금 약간만 드리며 신앙생활을 다 했다고 여기는 듯했습니다. 계속된 가르침과 노력에도 불구하고 새신자들이 변화된 모습을 보지 못하자, 제 마음에 낙담이 왔습니다. 한 명의 집사도 세우지 못했습니다. 기신자를 받지 않겠다고 한 결심이 후회가 되기도 하였습니다.

2번째 교회는 '너의 힘과 노력을 아무리 해도 나의 도움이 없으면 결코 이룰 수 없다'는 사실을 깨닫게 하기 위해서 허락하신 곳 같았습니다.

하지만 아내는 김포 초중고 연합 신우회 활동으로 학교 신우회 예배를 통해 학교 복음화에 헌신하며 하나님 나라 확장에 쓰임을 받았습니다. 또한 어려운 개척교회를 지탱하며 혼신의 힘을 다하였습니다. 이때 주님이 사역의 훈장도 주셨습니다. 아내에게 후각을 잃게 하셔서 주님 고난의 흔적을 남겨 주시고, 암과 자궁근종으로 어려움도 주셨습니다. 지금은 주님의 치유하심으로 온전하게 되었지만, 훈장은 주님 앞으로 가져갈 귀한 메달입니다.

2번째 허락하신 교회에서 비록 내가 그들을 온전하게 하는 일은 잘 못 했을지라도 하나님은 저의 애씀과 수고를 기억하실 것이라고 믿습니다.

6년여의 사역 기간을 한마디로 정리하면 훈련과 연단의 시간이었습니다. 한 영혼이 오면 또 한 영혼이 떠났습니다. 힘써 훈련하면 다른 큰 교회로 옮겨 갔습니다. 같은 일이 반복되었고 지쳐갔습니다. 사역에도 회의가 생기기 시작했습니다. 결국, 사역지에 대해 다시 기도하기 시작했습니다.

"하나님 너무 힘듭니다. 제가 어찌하면 될까요?"

하나님이 저의 기도가 애처로웠는지 왕을 달라고 했던 이스라엘 백성들의 요구를 들어주셨던 것같이 내 기도를 들어주십니다.

〈고촌 상가교회 예배 사진〉

3번째 허락하심 — 화성 농촌교회

저는 다시 하나님께 기도드리기 시작했습니다.

"제가 너무 힘듭니다. 하나님! 더 이상은 감당하기가 어렵습니다. 제가 능력이 안 되는 거 아시잖아요. 새로운 처소를 허락해 주옵소서!"라고 강청하며 다시 한번 기회를 달라고 기도하였습니다.

정말 기도 응답처럼 얼마 후 후배 목사님에게 용인의 한 교회를 소개받았습니다. 성도 70여 명의 중견 교회였습니다. 모든 일이 너무 순조롭게 흘렀습니다. 모든 의사 결정이 다 되고 저는 먼저 김포의 교회를 후임 목사에게 인도하였습니다. 기쁜 마음으로 준비하며 마지막 부임만 남겨 둔 시점에서 갑자기 눈이 흐릿해지고 물체가 거꾸로 보이며 물결치는 듯한 현상이 나타났습니다. 급히 달려간 영등포 김안과 병원에서 급성 황반변성 진단을 받게 됩니다. 의사는 치료하지 않으면 실명 위험이 있다고 말합니다. 청천벽력 같은 소식에 저는 다시 무릎을 꿇고 기도합니다. 하나님의 허락하심이 아님을 알게 됩니다. 하나님이 막으시니 그곳이 아무리 맘에 들어도 포기할 수밖에 없었습니다. 결국, 저는 그 교회에 갈 수 없다고 말씀드릴 수밖에 없었습니다. 교회는 후임 목사에게 인계한 후라 저는 가정에서 예배를 시작하려고 준비하고 있었습니다.

그즈음 어느 목사님이 시골 농촌교회를 소개해 주셨습니다. 간판은 깨지고, 벽은 벗겨지고, 시설은 낡아 있었으며, 성도는 몇 명 없었습니다. 교회는 대출이 많아 경매 위기에 몰려 있었습니다. 저도 아내도 마음이 전혀 가지 않았습니다.

그런데 교회 2층 예배당을 들어간 아내가 2011년 교회 개척을 준비할 때 기도하면서 보았던 환상에서 보았던 강대상의 모습과 지금 이 교회 강대상의 모습이 똑같다며 이곳이 하나님께서 예비하신 곳이라고 확신했습니다. 아내는 계시의 영을 받아 하나님의 음성과 환상 등의 은사를 받았습니다. 예전에 받았던 모든 환상과 기도 응답을 목회 시작부터 지금까지 쭉 날짜별로 기도내용과 응답하신 것을 기도 노트에 기록하고 있습니다. 어떤 기도 제목은 말씀으로, 어떤 것은 꿈으로, 환상으로, 어떤 기도는 음성으로, 또 일부는 무응답으로. 그런데 어떻게 결정하지 않을 수 있겠습니까? 또 재정을 감당하는 아내가 기꺼이 감당하자니 경제적 무능력자인 제가 어떻게

싫다고 할 수 있겠습니까?

여러 가지 어려움도 있었습니다. 집 문제, 아내의 학교 문제, 재정 문제. 그런데 모든 것이 순조롭게 해결되었습니다. 하나님의 뜻이었습니다. 결국, 어려운 농촌 미자립 교회(실제로는 개척교회)로 순종하며 예전에 고촌교회 개척할 때 함께 리모델링한 집사님과 또 한 달 넘게 교회와 사택을 보수하고 2018년 7월 1일 부임하여 현재까지 약 7년 넘게 사역하고 있습니다.

〈우정교회 예배 사진〉

'시골교회는 현상만 유지해도 부흥이다'라고 하시는 분도 있습니다. 비록 큰 부흥은 이루지 못했고 재정의 자립도 못 해 사모의 헌신으로 교회를 운영하며 지금도 작은 인원의 성도님들과 예배드리고 있습니다. 하지만 저는 목회를 시작한 후 어느 때보다 평안을 느끼며 주님이 가장 좋은 곳으로 인도하셨다고 믿습니다. 감사하고 기쁘게 복음 전하는 일을 감당하고 있습니다.

하나님의 허락하심은 늘 내 생각과 다릅니다. 그러나 뒤돌아보면 그것이 제게 가장 좋은 길임을 알게 하십니다.

오늘 본문은 우리의 내일도 우리의 생명도 우리의 것이 아님을 말하고 있습니다. 우리의 계획은 주님 뜻이 아니면 아무것도 아닙니다. 그래서 잠언 말씀 중에 *"너희 행사를 여호와께 맡기라 그리하면 네가 경영하는 것이 이루어지리라"* **(잠언 16:3)**고 하십니다.

요한복음 15:5에 *"나는 포도나무요 너희는 가지라 그가 내 안에 내가 그 안에 거하면 사람이 열매를 많이 맺나니 나를 떠나서는 너희가 아무 것도 할 수 없음이라"*라고 말씀하십니다.

주님이 하셔야 어떤 무엇도 이룰 수 있음을 절실히 고백합니다. 주님이 허락하셔야 열매를 맺을 수 있습니다.

말씀을 정리합니다. 하나님의 허락하심은 우리의 뜻을 허락하시는 것이 아닙니다. '하나님의 뜻을 이룰 수 있는 가장 좋은 것을 허락하심' 입니다.

1번째 교회를 허락하신 것은 기존에 만들어진 교회, 기존에 세워진 교회보다 처음 시작하는 새로운 교회에서 '나를 의지하고 나의 뜻에 신뢰했을 때 얻는 기쁨'을 맛보게 하신 하나님의 격려를 맛보게 하신 교회였습니다.

2번째 교회에서는 사역 가운데 주님의 계획에 순종하는 나를 보게 하십니다. 또 많은 새 신자에게 주님을 소개하는 역할을 감당하게 하셨습니다. 보내셨던 영혼들도 제가 비록 온전하게 양육하지 못했지만, 하나님이 결국 그들을 온전하게 하실 것을 믿습니다. 그것이 저의 역할이었습니다. 하나님은 저를 이런 모습으로 연단하시지만, 또 저런 모습으로 격려하십니다.

또 하나님은 제가 낙담하고 지쳐서 제가 3번째 교회를 위해 기도했을 때 그 기도도 응답하셔서 하나님이 좀 더 큰 교회를 원하는 나의 욕망을 채워 주신 듯하였습니다. 용인에 있는 교회는 바로 그런 교회였습니다. 이제 사례비도 받고 또 훈련된 성도도 제법 모이는 그런 교회에서 사역하길 원하는 저의 이 얄팍한 마음을 하나님은 아셨습니다. 그래서 그곳을 병으로 쳐서 못 가게 하시고 '시골에 성도가 거의 없는 작은 교회를 섬기는 것이 네게 가장 맞는 사역지'라 하시면서 지금 현재 이곳을 허락하셨던 것입니다. 누구도 오기 힘든 이곳에 **'네가 가라'**라고 말씀하시는 주님의 뜻을 알 것 같습니다. 비록 세상 사람들의 눈에 보기에는 보잘것없고 정말 볼품없어 보이지만 이곳이 내게 가장 알맞으며 가장 기쁨과 감사를 누릴 수 있는 곳임을 저는 알고 있습니다. 그래서 늘 '하나님의 인도하심과 하나님의 허락하심이 최선'임을 믿음으로 고백합니다.

내게 맡겨준 목회의 시간이 얼마나 더 주어질지는 모르지만, 그 기간 동안 하나님의 인도하심을 구하며 그 허락하신 그곳에서 충성을 다하며 하나님이 명한 사명을 감당하는 목사가 되기를 결심합니다.

우리 모두도 주의 허락하심을 사모하며 그 주어진 일에 최선을 다하며 만족하고 감사하는 복된 믿음의 자녀가 다 되시기를 주님의 이름으로 축원합니다.

기도
하나님, 저는 연약하고 부족한 종입니다

그러나 주님의 뜻이면 어디든 가겠습니다
한 영혼을 위해 울고, 기도하며, 복음을 전하겠습니다
남은 생애 동안 주님의 목자로 충성하며 살도록 인도해 주옵소서, 아멘

Part 3

하나님의 견인하심

- (요)나의 모습과 하나님의 견인하심 -

"네가 수고도 아니하였고 배양도 아니하였고 하룻밤에 났다가 하룻밤에 망한 이 박넝쿨을 네가 아꼈거든, 하물며 이 큰 성읍 니느웨에는 좌우를 분변하지 못하는 자가 십 이만 여명이요 육축도 많이 있나니 내가 아끼는 것이 어찌 합당치 아니하냐" (요나4:10-11)

 성경 가운데 가장 쉽고 널리 알려진 성경은 요나서입니다. 요나의 줄임말은 무엇일까요? 네, 정답은 "나"입니다. 요나의 모습이 나의 모습이라 생각하며 말씀을 전합니다.
 우리는 너무도 잘 알려진 요나 이야기에서 선지자 요나가 하나님의 사명을 피하여 도망가다가 바다에 던져져서 물고기 뱃속에 들어갔다가 거기서 회개하고 3일 만에 살아나서 다시 사명을 감당한 것으로 요나서를 읽습니다. 즉 요나의 짧은 잘못에도 불구하고 극적인 회개와 하나님의 섭리로 니느웨를 구원하고 예언자로의 역할을 다한 그의 사역에 박수를 보내며 교훈을 얻습니다.
 그러나 저는 다른 각도로 놀라운 일을 행하시는 하나님의 관점에서 요나서의 말씀을 이해해 보고자 합니다. 요나서에는 하나님을 제외하고 3명의 인물이 등장합니다. **요나** 그리고 **이방 선원**들과 **니느웨 백성들**입니다.

이 등장인물과 하나님의 관계를 통한 요나서의 말씀을 정리합니다.

1장

요나는 하나님께로부터 **"저 큰성 니느웨로 가서 나를 선포하라. 그들의 악독이 내 앞에 상달되었다 그러니 회개하게 하라"**(1:2)는 명을 받습니다. 그러나 요나는 하나님의 명령을 거역하고 도망하여 다시스로 가는 배를 탑니다. 그래서 결국 하나님은 그가 탄 배를 폭풍우 속에 임하게 하셨고, 요나로 인해 그 배는 침몰의 위기를 만나게 됩니다. 요나는 커다란 위험을 감지했습니다. 그러나 그는 다시 한번 회피합니다. 그는 배 밑창으로 가 잠을 청하고 선원들의 안전은 아랑곳하지 않습니다. 이방 선원들은 자신의 신에게 기도하기도 하고 짐을 던지기도 하며 노력하지만, 하나님의 계획을 감당할 수 없습니다. 제비를 뽑아 원인을 찾고 보니 요나입니다. 선원들은 **"너는 누구이며 이 재앙은 무엇 때문인가(1:8)"** 하고 묻습니다. 드디어 요나가 말합니다. **"나는 히브리 사람이고 천지를 지으신 여호와를 경외하는자라고, 하나님의 사명을**

감당 못하겠어서 그 여호와를 피하여 이 배에 탔다고, 그러니 나를 던지라(1:12)" 즉 죽이라고 말입니다.

이 요나의 던지라는 제안에도 불구하고 **1번째 놀라운 의외의 일(1:13)**이 벌어집니다. 위기 앞에 선원들은 요나를 던지면 그만입니다. 그런데 요나서 1장 13절 말씀을 보면, **"선원들이 그런 그를 살리려고 힘써 노를 저어 육지로 돌리고자 하였다"**라고 기록합니다.

그 위기의 순간에 선원들의 태도를 생각해 보시지요. 하나님의 백성도 아닌 그들은 요나 때문에 모두 죽을 뻔한 상황에서 그를 살리려고 애쓰고 있습니다. 얼마나 놀라운 일입니까?

믿지 않는 사람들 중에 마음이 착하고 깨끗한 자들도 많습니다. 오히려 믿는 자의 본이 되기도 합니다. 신앙생활을 한다는 것이 도대체 무엇을 의미하는 것일까요? 누구를 믿는다고 고백하지만 '자신만을 생각하는 자'를 신앙인이라고 할 수 있습니까? 성경 말씀이나 사도신경 등을 줄줄 외운다고 믿음이 좋다고 할 수 있을까요? 많은 대답이 있을 것이며, 또 많은 고민을 요구합니다.

요나서 1장에서 진정한 신앙이 의미란 참다운 인간이 되는 일이라고 말씀하십니다. 생명을 소중히 여기고 어러운 이웃을 돕고 사랑하는 삶이 하나님이 원하는 삶이 라고 말입니다.

그러나 이방 선원들이 아무리 애써도 하나님의 계획을 바꿀 수 없습니다. 결국, 그를 바다에 던지니(1:15) 곧 폭풍우가 잠잠해집니다.

이에 **2번째 놀라운 일**이 일어납니다(1:16). 폭풍우가 잠잠해지자 이방 선원들은 크게 두려워하며 여호와를 주로 섬기며 제물을 드리고 서원 기도까지 합니다. 놀라운 하나님의 역사입니다. 거역하는 하나님 백성 요나를 통해 이방의 선원을 구원하시는 역사를 이룬 것입니다.

2장

요나의 기도입니다. 요나는 드디어 회개하고 기도합니다. 요나를 삼켰던 물고기는 요나의 기도가 끝날 무렵 요나를 육지에 토합니다.

3장

여호와의 말씀이 2번째로 요나에게 임합니다. 요나도

어찌할 수 없습니다. 그는 3일 동안 걸어야 할 만큼 큰 성 니느웨에서 겨우 단 하루만 외쳐 선포합니다.

"사십일이 지나면 니느웨가 무너지리라"

그런데 **3번째 또 놀라운 일**이 일어났습니다. 그의 선포를 들은 니느웨 백성들의 응답은 매우 신속합니다. 놀라운 하나님의 역사하심을 통감하는 장면이고 요나서에서 가장 인상적인 장면입니다. 말로 안 되는 이방인에 한마디 외침에 백성은 물론 왕이 즉각 순종하여 온 백성과 동물까지 금식하며 베옷을 입고 부르짖어 기도하기 시작합니다. 놀라운 기적의 연속입니다. 하나님이 그 백성을 용서하는 것은 당연한 일입니다.

그리고 마지막 4장

그러나 요나 입장에선 이 이방인 구원사건은 그의 예언(신탁)에 대한 신뢰도에 큰 손상을 가져옵니다. 거부하고 도피하다 겨우 순응했더니 고작 거짓 예언자라니 이런 사태의 반전이 또 요나를 분노하게 합니다. 그는 하나님과 동격의 위치에 앉아 "내가 이럴 줄 알았다고 처음부터 내가 사명을 거부한 것이 이런 이유였다"고 화를 내며 차라리 나를 죽여 달라고 또 다시 말합니다" 요나의 회개가 진정성이 없음을 여지없이 드러냅니다.

드디어 하나님의 반격 즉 하나님의 은혜(끝없이 사랑하심)가 시작됩니다. 그리고 박넝쿨과 벌레와 해와 동풍을 준비하여 요나의 반응을 살핍니다. 박넝쿨을 예비하여 요나를 가리게 하여 그늘을 주니 요나가 박넝쿨로 말미암아 크게 기뻐합니다. 그러나 이튿날 새벽 벌레가 그 박넝쿨을 갉아먹게 하고 뜨거운 동풍과 햇볕을 쬐게 합니다. 이때 요나의 반응은 어떻습니까? "당연히 또 죽여달라입니다." 그는 여전히 하나님에게 자기주장만 하고 있습니다. 회개와 순종은 어디에도 없습니다.

하나님의 최후답변은 명확합니다. **"그 시시한 박넝쿨도 네게 그처럼 귀하거늘, 나의 십이만 니느웨 백성은 물론 그곳의 많은 짐승을 내가 어찌 아끼지 아니하겠느냐 (4:12-13)"**고 말입니다.

요나서의 **마지막 4번째 진짜 놀라운 일**은 그런 요나, 그런 나를 끝까지 붙잡아 회개하게 하시고 주님의 사명자로 세우시는 하나님의 끝없는 사랑입니다. 그가 어찌 하나님의 선지자가 되겠습니까? 그가 어찌 주님의 사명자가 될 수 있나요? 모든 것이 하나님은 은혜 즉 끝없는 무조건적 사랑입니다. 요나는 드디어 하나님의 자신을 향한 끊임없는 사랑을 깨닫게 됩니다. 자신의 입장에서 바라보았던 생각도 하나님의 관점으로 바라보게 됩니다. 박넝쿨 사건으로 은혜를 깨달으니 요나는 완전히 다른 인간이 되었습니다.

그리고 그 변화된 요나의 모습이 요나서 5장에 이어집니다. 물론 요나서는 5장이 기록되지 않았습니다. 하나님의 은혜를 깨닫고 요나의 진정한 회개와 사역을 행했던 내용이 말입니다.

요나서는 특별히 부름 받은 자의 사명을 잊지 않도록 할 목적으로 기록되었습니다. 즉 우리 제자들을 위해 말입니다.

오늘 요나서를 통해 우리에게 주시는 메시지는 무엇입니까?

첫번째 교훈은 하나님의 택하심은 하나님의 절대주권이다

하나님은 우리의 삶에 두 가지의 기준으로 다스리십니다. 하나는 하나님의 절대주권으로, 또 하나는 우리가 허락해 주신 자유의지를 가지고 살아가게 하십니다. 그런데 우리가 많이 착각하는 것은 하나님의 절대주권은 인정하지 않고 오히려 우리에게 허락한 자유의지는 하나님께 뜻을 묻고 구하는 우를 범하는 것입니다. 자유의지 영역은 성경말씀에 비추어 판단 결정하고 대신에 절대주권은 절대적으로 순종하는 것입니다. 중요한 점은 부르심과 택하심은 그분의 절대주권이라는 사실입니다.

저는 나이 40에 교회를 처음 나갔습니다. 그때도 나의 모습은 일요일 날 회사에 일이 있으면 직원들을 모두 나오게 합니다. 그런데 교회 핑계를 대고 나오지 않는 믿는 부하직원을 볼 때면 '그러려면 그만두라!'라고 박해하며 핍박했던 자입니다. '나도 교회에 나간다고, 너무 유난 떨지 말라'고 하면서 말입니다.

우리 집안은 전통 유교 문화를 지키며 무신앙을 고집하며 살았던 집안이었습니다. 어린이날에도 성탄절에도 한 번도 교회에 가 보지 않은 자였습니다. 늦은 나이에 아내의 권유로 가정평화를 위해 다녔지만 믿음과는 관계없는 삶을 살았습니다.

그러면서 교회를 나간 지 5년이 넘은 어느 날 주님이 찾아오셔서 제자의 길로 인도하셨습니다. 저는 통회하고 회개하며 주님에게 넘어졌습니다. 아무리 말씀하셨어도 주님의 음성을 알지 못하고 내 마음대로 살고 내 뜻대로 살던 내가 바로 요나였습니다. 불순종으로 고집과 아집으로 똘똘 뭉친 나, 그런 나를 주님은 택하시고 사명자로 세우셨습니다. 택하지 않으셨으면 부르시지 않으셨으면 절대 구원을 얻지 못할 나, 그런 내가 바로 요나입니다.

본문의 요나도 나의 모습처럼 끊임없는 하나님의 부르심과 사랑으로 구원의 은혜를 입게 되었고 하나님의 사명자가 되었습니다. 택하심과 부르심은 하나님의 주권입니다. 왜 나 같은 자를 택하셨을까? 우리는 알아야 합니다. 우리가 잘나서도 아니고 우리가 착해서도 아닙니다. 오로지 주님의 주권입니다. 그래서 우리는 늘 감사하며 그 은혜를 고백하며 살아야 합니다.

두번째 교훈은 하나님의 은혜를 깨달아야 변화가 시작됩니다

카일 아이들런 작가가 쓴 《팬인가 제자인가?》라는 책이 있습니다. 팬과 제자의 차이는 무엇일까요? 둘 다 대상을 따르지만, 팬은 자기의 즐거움이나 필요를 따라 쫓는 무리입니다. 그러나 제자는 그 대상을 자신의 유익이 아니라 그분의 유익과 교훈과 삶을 따르는 자입니다. 그래서 팬은 자신의 필요가 없어지거나 흥미가 줄어들면 떠나가지만, 제자는 끝까지 그분의 뜻을 지켜내는 자들입니다.

수많은 사람들이 오병이어의 기적을 통해 그 큰 기적을 체험했지만, 그들은 배가 부르자 그냥 뿔뿔이 흩어졌습니다. 그들은 단지 팬이었습니다. 그들은 단지 무리들이었습니다. 그들의 욕구가 채워지자 뿔뿔이 흩어졌습니다. 주님을 따르려는 자는 없었습니다. 그들은 결코 제자가 될 수 없습니다. 그것이 팬과 제자의 차이입니다. 그들은 기적을 경험했지만 변화된 모습은 없었습니다. 그렇습니다. 변화는 기적의 체험이 아닙니다. 변화는 은혜를 깨달아야 일어납니다.

요나 때문에 죽음 앞에 섰던 그를 살리려는 선원들의 헌신적 노력, 요나 자신의 선포 한마디에 즉각 회개한 니느웨 왕과 백성들의 변화, 폭풍우와 물고기 뱃속에서 살아나오는 기적 같은 일을 경험했지만, 그 기적의 체험으로 요나는 끝내 변화되지 않았습니다.

그러나 은혜를 깨달으면 달라집니다. 요나를 끝까지 놓지 않으시는 하나님은 박넝쿨과 해충과 뜨거운 동풍을 예비하십니다. 보잘것없는 박넝쿨 하나도 하나님이 예비하시고 자신을 위해 허락하셨음을 깨닫게 합니다. 자신의 유익만을 생각하는 자신을 바라보게 하십니다. 계속되는 고집과 불순종에도 끝까지 나를 사랑하시는 하나님의 은혜를 깨닫게 하십니다. 그래서 내가 가진 사소한 것 그 하나도 주님의 거저 주심을 깨닫게 하십니다. 드디어 그에게 은혜가 임합니다. 그 은혜로 결국 완악했던 마음의 문이 열립니다. 은혜를 깨달으니 드디어 변화가 시작됩니다.

기적이 아니라 은혜입니다. 그것이 기록되지 않은 요나서 5장입니다. 요나는 은혜를 깨닫고 어떻게 사역했을까? 하나님의 사랑을 어떻게 전했을까?가 비록 기록되지 않았지만, 영의 눈으로 읽는 요나서 5장입니다. 그리고 오늘 우리에게도 말씀하십니다. 너의 요나서 5장을 기록하라고 말입니다.

주님은 지금 이 순간 요나에게 아니 우리에게 이렇게 말씀하십니다. **"네게 준 내 사랑을 내 은혜를 깨달았느냐? 그렇다면 변화하여 새사람이 되고 네 사명을 감당하라"**라고 말입니다.

내게 기적을 하락해 달라고 요구하는 대신에 주님의 은혜를 깨닫는 자가 되시길 바랍니다.

《팬인가 제자인가》의 원제목인 《NOT A FAN》처럼 '난 이제부터 팬이 아니라 제자입니다'라고 고백하는 우리 모두가 되시길 주님 이름으로 강권합니다.

마지막 교훈은 내가 너를 견인하겠다는 메시지입니다

사명을 감당한다고 결단한다면 하나님은 결코 내버려 두지 않으십니다. 우리는 내 것이라면 박넝쿨 하나도 아끼며 무엇보다 귀중하게 여기면서도 하나님이 구원을 이루시기 원하며 명하는데 그 주의 사랑을 전하지 못하며 요나처럼 거역하며 도망치고 있지는 않습니까?

저도 목회를 14년 동안 하면서 하나님께 때론 감사했지만 또 때론 원망하며 불평했습니다. '저를 왜 늦은 나이에 부르셔서 세상에서 잘 지내게 하시지 않고 목회자로 만드셨냐고.', '기왕 하게 하셨으면 큰 능력 주셔서 부흥을 주지 않으시냐고. 저도 사례비 한번 받으며 목회해 보고 싶다'라고 요나처럼 말입니다.

그런데 어느 날 주님의 끊임없는 사랑이 은혜임이 깨달아지자 모든 것이 변하기 시작했습니다. 아내와 단둘이 시작한 첫 교회에서 매달마다 한 가정을 보내 주셔서 초짜 목사에게 위로와 용기를 주시고, 김포에서 둘이 다시 개척한 6년 동안을 초신자들과 씨름하며 애쓸 때 말씀으로 평강으로 함께해 주신 주님. 경제적 어려움에 닥쳤을 때도 지혜를 주셔서 꼭 필요한 만큼의 물질을 주시고 위로하신 주님. 70여 명 되는 자립교회로 부임하려 하던 제게 하나님의 간섭하심으로 성도 몇 명의 현재의 화성우정교회로 인도하신 주님! 지나고 보면 늘 주님은 나를 견인하고 계셨음을 온몸으로 느낍니다.

신앙이 미약했을 때 믿음의 길에서 이탈하는 사람들을 보며 주님의 견인이 어디 있느냐고 생각했던 나의 어리석음을 깨닫게 하십니다. 주님은 늘 우리와 함께하시고 필요할 때마다 우리를 이끄십니다. 아멘.

"사람이 마음으로 자기의 길을 계획할지라도 그의 걸음을 인도하시는 이는 여호와시니라" (잠언 16:9)

하나님! 저를 견인하여 주셔서 진짜 진짜 감사드립니다.
이제 하나님께서 요나를 타이르시면서, 아니 우리 모두에게 하신 호소 섞인 책망의 말씀을 다시 읽으면서 말씀을 마칩니다. 이 말씀이 모두의 은혜가 깨달아지는 말씀이 되길 기도합니다.

"네가 수고도 아니하였고 배양도 아니하였고 하룻밤에 났다가 하룻밤에 망한 이 박넝쿨을 네가 아꼈거든, 하물며 이 큰 성읍 니느웨에는 좌우를 분변하지 못하는 자가 십 이만여명이요 육축도 많이 있나니 내가 아끼는 것이 어찌 합당치 아니하냐" (요나서 4:10-11).

기도하겠습니다.
요나의 모습을 통해 우리의 모습을 보여 주시는 하나님 우리에게 깨달음을 허락하시니 감사합니다. 우리는

다 양 같아서 제 갈 길로 갑니다 그런데도 주님은 우리의 허물을 감싸시고 사랑으로 끝까지 견인하시고 크신 은혜로 인도하시니 감사합니다. 주신 말씀을 마음에 새겨 순종의 길로 가게 하시고 주님의 사역을 기꺼이 감당하는 큰 믿음을 허락하옵소서. 예수님 이름으로 기도드립니다.

Part 4

하나님의 회복하심

"그들은 오래 황폐하였던 곳을 다시 쌓을 것이며 옛부터 무너진 곳을 다시 일으킬 것이며 황폐한 성읍 곧 대대로 무너져 있던 것들을 중수할 것이며" (이사야 61:4)

"아버지는 종들에게 이르되 제일 좋은 옷을 내어다가 입히고 손에 가락지를 끼우고 발에 신을 신기라 그리고 살진 송아지를 끌어다가 잡으라 우리가 먹고 즐기자 이 내 아들은 죽었다가 다시 살아났으며 내가 잃었다가 다시 얻었노라하니 그들이 즐거워하더라" (누가복음 15:22-24)

어느 동네에 오래된 폐가 한 채가 있었습니다. 비가 오면 지붕이 새고, 창문은 모두 깨져 있었고, 마당에는 잡초가 무성했습니다. 사람들은 "저 집은 끝났어. 이제 사람 못 살아." 그렇게 말하곤 했습니다.

그런데 어느 날, 한 가족이 그 집을 샀습니다. 며칠 후부터 망치 소리, 페인트 냄새, 그리고 웃음소리가 들리기 시작했습니다. 지붕을 다시 덮고, 마당을 가꾸고, 담장을 다시 쌓기 시작했습니다. 그리고 몇 달 후, 그 집은 동네에서 가장 따뜻한 집으로 바뀌었어요.

그 모습을 보며 하나님께서 제 마음에 이런 감동을 주셨습니다. **"네 인생이 저런 집처럼 무너졌을지라도, 나는 다시 세울 수 있단다."**

오늘 우리가 나눌 하나님의 말씀이 바로 그 이야기입니다. 무너진 성읍을 다시 세우시고, 떠났던 아들을 품어주시는 회복의 하나님 이야기입니다. 예루살렘이 무너졌을 때도, 하나님은 다시 세우셨습니다. 하나님은 하나님의 때에 회복시킬 것을 약속하십니다. 오늘 우리에게 주시는 말씀입니다.

"그들은 오래 황폐하였던 곳을 다시 쌓을 것이며 옛부터 무너진 곳을 다시 일으킬 것이며 황폐한 성읍 곧 대대로 무너져 있던 것들을 중수할 것이며" (이사야 61:4)

이스라엘 백성은 죄로 인해 하나님의 심판을 받고, 바벨론 포로로 끌려갔습니다. 예루살렘 성은 불타고 성전은 무너졌으며 모든 것이 폐허가 되었습니다. 그들은 이렇게 말했을지도 모릅니다.

"우린 끝났어. 다시 돌아갈 수도 없고, 다시 시작할 수도 없어…"

그런데 이사야 선지자를 통해 주신 하나님의 약속은 이러했습니다. **"오래 황폐하였던 곳을 다시 쌓을 것이며, 대대로 무너진 것을 중수할 것이다"**

하나님은 부너진 도성도, 깨어진 공동체도 다시 세우십니다. 단순한 건물 회복이 아니라, 하나님의 영광이 다시 그 가운데 거하게 하시는 회복입니다.

저도 한때 잘 나갔습니다. 남부럽지 않게 살았습니다. 어느 날 하나님이 내 삶에 들어오시며 모든 것이 사라지고 엉망이 되었습니다. 쉽게 얻었던 수십억의 재산도 명예도 사업도 없어지고 무너졌습니다. 교회를 나가니 더 상황이 나빠졌습니다. '하나님을 믿었는데 왜 이렇게 만드셔?' 하면서 원망과 불평의 세월을 보냈습니다.

그러나 이 모든 것은 하나님의 섭리 안에 있었습니다. 내가 소중한 것이라 여겼던 것들을 없애고 주님만 의지하게 하시려는 하나님의 계획 말입니다. 제가 이 상황이 아니면 결코 주님께로 돌이키지 않을 것을 알기에 말입니다. 하나님은 그 과정을 통해 하나님의 계획을 알게 하시고 변화시키시고 결국에는 또 회복시키시는 분입니다.

저는 오늘 그 회복의 하나님에 대한 말씀과 간증을 함께 나누고자 합니다.

하나님은 물질을 회복시키십니다

아이들이 초등학교 고학년이 되었을 때 교육 때문에 서대문에 살던 45평 아파트를 처분하고 목동으로 이사할 계획을 세웠습니다. 당시에는 서대문에 살던 집이 목동 아파트 집보다 더 비쌌기에 아무런 문제도 없었습니다. 그때 마땅한 집이 없어 전세로 들어가게 되는데 그것이 저의 첫 무주택이었습니다.

몇 년 후 아들과 딸을 미국으로 유학 보내고 얼마 지나지 않아 사업의 어려움과 함께 경제적 문제가 발생하기 시작하였고, 두 아이의 유학비용으로 가정경제가 심각한 지경이 되었습니다. 그리고 집을 구입하지 않고 전세 사는 동안 전셋값은 폭등해서 보증금 올려 주기에도 벅찼습니다. 그러다 보니 저희 가정 경제가 심각한 지경이 되었습니다. 유학비용을 보내느라 융자가 감당 못 하게 많아졌고 집값은 전세로 사는 4년 기간에 4억 정도 하던 집값은 10억이나 올랐습니다. 이렇게 욥처럼 저를 파경으로 견인하여 세상에서 믿을 것 하나도 없게 두 손 들게 하시고 목회자의 길로 인도하신 주님 그러나 그분은 또한 회복하시는 하나님입니다.

  전세보증금을 올려 주지 못하는 상황에 우리는 처음으로 빌라를 구매하여 이사합니다. 빌라로 이사하니 제가 실패한 인생이 된 것처럼 느껴졌습니다. 얼마 후 교회를 김포로 이전하기로 계획하며 김포로 이사하면서 빌라는 전세를 주고, 다시 전세로 이사하여 살게 됩니다.

  교회 부흥과 사역에 열중하고 있던 저에게 어느 날 하나님이 집을 사게 하시는 마음을 줍니다. 당시 풍무역에 한 아파트가 미분양이었는데 위치도 가격도 나쁘지 않아 아내에게 분양받자고 이야기를 꺼냅니다. 아내는 그럴 돈이 어디 있냐며 오히려 핀잔만 줍니다. 그런데 꼭 사야만 할 것 같았습니다. 집도 없이 매년마다 이사 다니는 것도 그렇고. 여러 번의 설득 끝에 결국 아내가 백기를 들고 그 미분양아파트를 구입하게 되었고, 아내는 빚이 너무 많아지자 '나는 융자의 여왕'이라며 투정했지만, 또 대출을 받아 입주하게 되었습니다. 지나고 보니 빌라는 재건축으로 아파트는 경기호황으로 지금 가격보다 더 좋은 가격에 처분하게 하셨습니다.

집을 처분하고 융자금도 정리하고 교회 근처에 새집도 하나 장만하였습니다, 더구나 자녀들의 집 구입에 조금씩 도와줄 수 있게 되었습니다.

아내에게는 하나님이 승진할 수 없는 상황에서 승진하는 기적 같은 축복을 주십니다. 아이들을 가르치며 연구하며 학교신우회와 김포 초중고 연합 신우회를 만들고 개척교회를 섬기다 보니 승진점수가 많이 부족했습니다. 무엇보다 승진에 기본이고 점수가 큰 벽지 점수가 없었습니다. 근무평점에 절대적인 교무의 직책도 교회 때문에 맡지 않았습니다. 아마 교무의 직책도 안 맡고 벽지 점수도 없는데 관리자로 승진한 예는 나 말고 없을 것이라고 아내는 간증합니다. 그런데 하나님이 승진하게 하시려고 연구점수로 승진점수를 채우게 하였습니다. 매년마다 논문발표와 수업 실기로 상을 받게 하셨고, 이 점수가 승진에 큰 역할을 하였다고 고백합니다. 교장이 되어 하나님이 주시는 지혜로 학교를 경영하였고 명예롭게 정년 퇴임을 하였습니다. 그리고 하나님의 도우심을 **《나는 교장! 나는 사모!》**라는 책으로 출간하여 하나님의 회복하심을 간증하였습니다.

〈사모 퇴임식 후 교정에서 가족사진〉

하나님은 우리가 주님의 일을 하면 우리의 일을 대신해 주십니다. 그것이 주님의 보상입니다. 정말 기적 같은 일입니다. 빚으로 얽매였던 우리의 가정에 자유를 주셨습니다. 하나님의 회복이 시작된 것입니다. 물론 욥처럼 처음보다 더 큰 물질로 회복시켜 주신 것은 아닙니다. 하지만 캄캄했던 우리 가정에 회복을 허락한 복으로 부족함 없이 채우시는 하나님으로 고백하기에 충분하신 하나님입니다.

하나님은 가정도 회복시키십니다

 하나님의 일을 하기 전 아니 목회를 하면서도 아내와의 갈등이 많았습니다. 다툼의 원인은 대부분 재정과 관련된 문제였습니다. 부족함이 없었던 삶에서 부족함이 많은 삶으로의 변화는 많은 다툼의 발단이었고 다른 다툼의 결론도 역시 돈 문제로 귀결되었습니다. 아내는 또한 목표지향적 성향의 사람이었습니다. 계획한 일이 목표대로 이루어지지 않으면 본인의 스트레스는 물론이고 주변 사람들도 힘들게 합니다. 교회의 부흥이 마음대로 되지 않아 의견 다툼이 있게 되고 서로에게 상처를 내기도 하였습니다. 이곳 우정으로 사역지를 옮긴 후로는 마음에 인간적 욕심보다 주님의 허락하심에 감사하며 가정에 평화를 허락하셨습니다. 예전에는 참을 수 없던 상황에도 기다리게 하시고 서로의 마음을 이해하며 더 성숙한 모습으로 우리 가정을 이끌어 가십니다. 이제 저희 부부는 위기를 넘어 동반자의 관계로 주님이 회복시켜 주셨음을 고백합니다.

 우리 가정뿐 아니라 자녀의 가정도 회복시킵니다. 2023년 5월 7일에 저의 페이스북에 올렸던 딸에 대한 미안한 마음을 적어 봅니다.

"늘 미안함이 있는 사랑하는 우리 딸. 사업도 망하고 개척교회는 어렵고 재정도 최악이어서 시집갈 때 변변한 혼수도 제대로 못 해 주고 인천 외곽의 투룸 오피스텔에서 월세로 신혼을 시작했던 우리 딸. 그래도 신앙의 힘으로 굳세게 견디면서 믿음, 사랑, 소망 세 아이를 키우며 이곳저곳을 돌아다니며 힘들어하던 우리 딸이 드디어 소망하던 집을 마련했다고 집들이를 한다. 아이 세 명 낳은 것도 기특한데 많지 않은 남편 월급을 알뜰하게 모아 목감 신도시에 34평 아파트를 마련했다. 정부에서 주는 저리의 융자를 최대로 받아 마련했지만, 갑자기 내린 가격에 급매로 나온 물건을 용하게 잡았다. 베란다에 서니 손자가 다니는 학교도 딸이 다니는 교회도 다 지척이다. 하나님이 고생의 선물로 주셨음이 틀림없다. 아이들에게 각각 방을 마련해 주려면 방이 4개 있어야 한다고 기도하더니 기도처럼 정말 방 4개가 널찍한 집을 허락하셨다. 오늘은 집들이로 감사예배로 다 함께 모여 예배드리고 떡을 떼며 기쁨을 나눈다. 딸아 애 많이 썼다. '네 삶에 주관자이신 주님께 늘 감사하며 살아라' 하고 말씀을 전한다. 주여 이 가정이 믿음의 명문 가정이 되게 하옵소서. 주님께 영광 올려드리는 가정이 되게 하옵소서."

딸 가정의 회복을 위해 허락하신 또 다른 축복은 세 아이들을 키우느라 직장을 포기하고 아이 양육에만 전념하였는데 딸에게 새 길을 열어 주심이었습니다.

아파트 단지 내 상가에 있었던 영어 어학원이 다른 곳으로 이전하면서 그곳에서 새롭게 어학원을 할 수 있는 기회를 허락하신 것입니다. 사업을 해 본 적도 없는 딸이 걱정 반 근심 반으로 시작한 어학원이 한 달 만에 20명 가까이 등록하고 3개월도 안 되어 30명 넘게 등록하였다고 전합니다. 미국에서 대학을 졸업하고 와서 국제학교 선생님으로 근무하다 결혼해서 세 아이 양육 때문에 일을 내려놓았는데 어학원으로 이끌어 주시니 주님의 큰 은혜라고 고백합니다.

주님은 경제적으로 어렵게 아이들 키우느라 힘들었던 딸 가정에 늘 함께하셔서 믿음으로 견딜 수 있게 하시고 온전히 서게 하시고 다시 회복하게 하셔서 딸 가정을 기쁨과 감사도 회복하십니다. 그리고 꼭 필요한 집도 허락하셔서 회복의 역사를 만들어 가고 계십니다.

〈딸 집 주심에 대한 감사예배〉

 아들 내외에게는 또 다른 복을 주십니다. 신혼집을 며느리 부모님이 살고 있는 월계동에 시영아파트로 둘이 모은 돈과 아내가 조금 도운 돈으로 전세집를 계약하기로 하였습니다. 아들 내외가 집 계약이 처음이니 와서 도와 달라고 요청하여 제가 함께 하였습니다. 그런데 하나님께서 전세금으로 그 재건축이 예정인 아파트를 구입하게 하셨습니다. 갑자기 저에게 집을 사는 게 좋겠다는 마음을 주십니다. 그런데 최저가 매물이 대출 최대 가능액에 준비한 전세금액보다 2천만 원이 높았습니다. 나는 부동산 사장에게 가격을 2천만 원 깎아 주면 오늘 계약하겠다고 말하고 아들 내외와 점심을 먹고 왔는데 신앙이 좋으신 집주인이 신앙이 있는 신혼부부니까 깎아 준다고 계약하자고 승낙받았다고 전합니다. 가격은 최근 3년 기간 중 최저가였습니다.

 하나님이 주인의 마음을 움직여 주셨다고 믿음으로 고백합니다. 그날로 가입금하고 집을 구매하여 지금 살고 있는데 얼마 전에 아들이 와서 집이 산 가격에 30%나 올랐다고 자랑을 합니다. 물론 집값이 올라 재산이 증가하는 것이 주님이 주시는 복이 아닐 수 있습니다. 특별히 주님은 재물의 많음을 여러 차례 경고합니다. 풍성한 재물은 신앙에 큰 위기가 될 수 있습니다. 큰 물질을 주신 분의 뜻을 잘 알지 못하면 말입니다. 많은 재물을 받은 자는 주신 목적을 주님께 묻고 또한 바르게 사용해야 합니다. 만일 그리하지 못하면 받지 아니함보다 못할 것입니다. 재물을 자신이 아닌 남을 위해 이웃을 위해, 공동체를 위해 사용할 수 없다면 구원은 불가능할지도 모릅니다.

  다만 하나님은 둘이 신앙으로 한 가정을 이루며 힘쓸 때 꼭 필요한 것을 주셔서 감사를 고백하게 하시는 하나님이십니다. 특별히 며느리는 신앙이 없다가 결혼해서 우리 교회를 나오고 성경 공부하며 침례를 받고 신앙의 길로 걸어가고 있는데 주님이 저를 축복해 주셨다고 고백합니다.

  주님은 한 영혼과 가정의 신앙을 위해 물질의 축복도 주시고 가정을 견고하게 하십니다. 그래믿음의 가정에 위기가 오면 주님을 더 붙잡아야 합니다. 그리하면 반드시 회복의 하나님이 그 가정에 주인이 되셔서 회복의 길을 여실 것입니다.

  우리 아내의 말을 빌리자면 우리에게는 주님이 우리 가정에 허락하신 귀한 막내아들이 있습니다. 교회입니다. 바로 우리 교회입니다. 숫자적 부흥도 이루지 못했고 부채는 2억이나 있고 재정은 매달 적자여서 아내의 지속적인 헌신이 없으면 홀로 서지 못하는 그런 막내아들의 모습입니다. 그러나 주님은 그런 아들이 네게 꼭 필요한 존재라고 내가 그 아들을 사랑하신다고 말씀하십니다.

주님은 그 사랑하시는 막내아들도 결국에는 회복하게 하실 줄 믿습니다. 우리가 호세아 선지자처럼 한 영혼을 사랑하면 말입니다.

주님의 회복하심은 다시 망가지지 않으시게 하십니다. 혹시 넘어져도 다시 일어설 수 있게 하십니다. 그 주님을 우리의 구주(LOAD)로 구원주(SAVIOR)로 모시며 모든 가정이 그 주님으로 말미암아 온전히 회복하며 그 주님을 자랑하는 믿음의 간증자가 되시길 기도합니다.

그 하나님은 결국 심령을 회복시키십니다.

'회복전문가' 하나님의 정말 중요한 회복은 우리들의 심령을 회복시키시는 것입니다. 세상적으로 어려움이 닥치면 부부관계도 자녀와의 관계도 위기에 빠집니다. 우리 가정에도 분란이 끊이지 않았고 이혼의 위기도 있었습니다.

저는 요즈음 친구들이 저를 만나면 얼굴이 너무 좋아졌다며 칭찬합니다. 물론 인사치레로 하는 말일 수 있지만 저는 주안에서 주시는 평안 때문이라고 너도 주님 만나야 한다고 말합니다.

저는 주님 옆에 붙어 교회를 섬기니 신앙 안에서 매일 주시는 회복을 누리며 살아가고 있습니다.

미국으로 공부하러 간 아들은 이해할 수 없는 비자(I 21) 문제로 그곳에서 학교를 졸업하지 못하고 결국 다시 국내로 들어오게 되었습니다.

그 일로 인해 많은 어려움과 방황도 있었지만 믿음 안에서 교훈하고 사랑하니 지금은 방황을 끝내고 한 가정의 가장으로 회복시켜 주셨습니다. 결혼은 꿈도 꾸지 말라고 말했던 아들이 결혼해서 가정을 이루고 아내와 신앙으로 다시 회복되었습니다.

주님이 우리 모두의 심령을 회복시켜서 튼튼하게 세워가심을 믿음으로 고백합니다. 주님이 우리 가정에 들어왔을 때 우리는 다시 회복되었고 우리의 심령이 살아날 수 있었습니다.

시편 23편 3절에 *"내 영혼을 소생시키시고 자기 이름을 위하여 의의 길로 인도하시는도다"* 라고 말씀하십니다. 여호와가 나의 목자라고 고백할 때 그분은 우리의 심령을 회복시킵니다.

여러분의 삶 가운데도 지금 "무너졌다" 느끼는 부분이 있습니까? 가정이, 꿈이, 믿음이 폐허처럼 느껴지나요? 하나님은 지금도 그 무너진 성벽 위에 '다시 쌓을 계획'을 가지고 계십니다.

누가복음 15장을 보면 아버지는 돌아온 아들을 위해 달려 나가셨습니다. (20절) 이 아들은 아버지의 유산을 요구하여 받아가지고 멀리 떠났습니다. 자기 마음대로 살다가 모든 것을 다 잃고 결국 돼지 먹이통 옆에 앉아 "나는 끝났어…"라고 생각합니다.

하지만 중요한 장면은 그다음입니다. 그가 "아버지께로 돌아가리라" 결심하고 돌아왔을 때 아버지는 어떻게 하셨나요? 멀리서 그를 보고, 달려가, 끌어안고, 입을 맞추셨습니다.

이것이 회복입니다. 하나님은 우리를 기다리기만 하시는 분이 아니라, 돌아오기만 하면 언제나 달려 나오시는 분입니다.

이 자리에 혹시 "내가 너무 멀리 갔다"라고 느끼는 분이 계신가요? "내가 받은 은혜를 스스로 저버렸기에 자격이 없다." 생각하나요?

Part 4 하나님의 회복하심

하나님은 지금도 여러분을 기다리고 계십니다. 그리고 여러분이 돌아오기만 하면 달려와 품에 안아 주실 것입니다. 하나님의 회복은 더 깊고, 더 넓습니다. 그 집을 고친 가족은 단순히 벽과 지붕을 수리한 것이 아닙니다. 그 집에 사랑과 소망과 미래를 심은 것입니다.

하나님의 회복도 마찬가지입니다. 이스라엘 백성은 단순히 성을 복구한 것이 아니라, 하나님의 임재를 다시 경험했습니다.

탕자는 단순히 아버지 집에서 살게 된 것이 아니라, 다시 '아들'로 인정받았습니다. 하나님의 회복은 이전에 잃은 것을 되찾는 수준이 아니라 새로운 삶을 주시는 은혜입니다. 회복은 가능성이 아니라 약속입니다

사랑하는 성도 여러분,

하나님은 망가진 것을 버리시는 분이 아닙니다. 고장난 인생을 붙들어 다시 세우시는 분입니다. 파괴 된 예루살렘도, 돼지우리 옆에 있던 탕자도, 낙심한 우리들의 마음도, 하나님은 반드시 회복하십니다.

회복은 우리의 능력이 아니라, 하나님의 성품에서 시작됩니다. 오늘 그 품으로 돌아오십시오. 그래서 우리 모

두가 회복의 은혜를 가득가득 경험하시길 예수님 이름으로 축원합니다.

기도
"하나님, 우리의 무너진 삶을 주님 앞에 올러드립니다
다시 세워주시옵소서
우리가 주님께로 돌이킬 때 기쁨으로 맞아주시는 아버지의 사랑을 경험하게 하소서
예수님의 이름으로 기도드립니다. 아멘"

Part 5

하나님께 영광

-하나님께 영광을 드린다는 것-

"우리가 알거니와 하나님을 사랑하는 자 곧 그의 뜻대로 부르심을 입은 자들에게는 모든 것이 합력하여 선을 이루느니라 하나님이 미리 아신 자들을 또한 그 아들의 형상을 본받게 하기 위하여 미리 정하셨으니 이는 그로 많은 형제 중에서 맏아들이 되게 하려 하심이니라 또 미리 정하신 그들을 또한 부르시고 부르신 그들을 또한 의롭다 하시고 의롭다 하신 그들을 또한 영화롭게 하셨느니라" (로마서 8:28-30)

'하나님께 영광을 돌리는 삶'이란 늘 우리의 고민과 바람을 대표하는 주제입니다. 저는 이 시간 성경 속 그리고 역사 속 인물들과 제 개인적인 간증을 통해 하나님께 영광을 드림에 대한 고민을 함께 나누어 보고자 합니다.

목회자들은 목회를 시작할 때 내가 어떻게 해야 아름다운 목회가 되고 하나님께 영광이 될까 고민합니다. 또한, 많은 기대를 품고 기도하며 시작합니다. 저도 목회를 통해 주님의 영광이 되고 주님의 마음을 시원하게 하여 주님의 기쁨이 되겠다고 다짐했었습니다. '많은 성도가 모이고, 부흥이 일어나고, 지역사회에 선한 영향력을 끼치는 멋진 교회를 이루어야지…' 하는 꿈이 있었습니다.

그러나 현실은 달랐습니다. 작은 지하상가, 시골 마을의 농촌교회에서 몇몇 어르신들과 적은 수의 성도님들과 예배를 드리며 때로는 혼자 남아 예배실에서 울 때도 있었습니다.

"하나님, 제가 이렇게 사역을 해도 될까요? 이 작은 열매로 하나님께 영광이 될 수 있을까요?"

이 질문이 제 마음을 무겁게 눌렀습니다. 그러던 어느 날 예레미야 선지자의 말씀을 묵상하는 중에 깨달았습니다.

"너희가 나에게 순종하지 아니하며… 그들이 너에게 순종하지 아니할 것이요 내가 그들을 불러도 그들이 대답하지 아니하리니" (예레미야 7:26-27)

예레미야는 평생을 눈물로 사역하며, 사람들의 회개를 거의 보지 못했습니다. 세상적으로 보면 실패한 선지자처럼 보입니다. 그러나 하나님께서는 그를 **"내가 택한 자"**라고 부르셨고, 그의 순종을 통해 하나님의 거룩함과 공의를 선포하셨습니다.

예레미야뿐만 아니라 **호세아 선지자**도 마찬가지였습니다. 하나님은 호세아에게 음행하는 여인 고멜과 결혼

하라고 하셨습니다. 세상적으로 보자면 무의미하고 이해할 수 없는 사명입니다. 그러나 호세아는 끝까지 순종했습니다. 그는 한 명의 영혼에게도 회복을 이루지 못했고, 이스라엘의 영적 회복도 일어나지 않았습니다. 그럼에도 불구하고 그는 우리를 향한 하나님의 사랑과 인내를 상징적으로 나타내는 귀한 도구가 되었습니다. 여러분, 이것이 바로 영광을 돌리는 삶 아닐까요?

노아는 어떠했나요? 120년간 방주를 짓는 동안 아무도 그의 말을 듣지 않았습니다. 그의 구원 소식에 사람들은 조롱했습니다. 그러나 노아는 하나님이 명령하신 대로 묵묵히, 꿋꿋하게 나아갔습니다. 결국, 방주는 하나님의 심판과 구원의 상징이 되었고, 가정을 구원하는 축복도 받았습니다. 그의 순종은 인류 역사 속에서 영원히 남는 하나님의 영광을 드러냈습니다.

오늘날 작은 교회와 농어촌 교회, 혹은 한 명 한 명을 섬기며 고군분투하는 사역자들에게 이 성경의 인물들은 큰 위로가 됩니다. 우리가 맡은 자리에서 묵묵히 순종하는 것, 그것이야말로 하나님께서 가장 기뻐하시는 영광의 제사입니다.

역사 속에도 이와 같은 인물들이 많습니다.

18세기의 젊은 선교사 **데이비드 브레이너드**는 건강이 약해 평생 병과 싸웠습니다. 그러나 복음의 열정으로 원주민 전도를 위해 그의 몸을 던졌습니다. 그의 헌신과 노력에도 회심자는 거의 없었습니다. 그러나 그는 죽기 전까지 눈물과 기도로 원주민을 품었고, 그의 일기는 후대 선교사들에게 엄청난 도전을 주었습니다.

또한 **윌리엄 캐리**, 인도 선교의 아버지라 불리지만, 첫 7년간 단 한 명도 회심시키지 못했습니다. 가족의 불화, 질병, 가난…. 그러나 그는 포기하지 않고 복음을 전하며, 성경을 번역하며, 끝까지 자리를 지켰습니다. 그가 뿌린 씨앗은 결국 조금씩 잉태되어 결국 수많은 생명이 그 말씀으로 돌아왔습니다.

제가 이곳 시골 작은 교회에서 눈에 띄는 열매 없이 사역할 때 한 권사님께서 저에게 말씀하셨습니다.

"목사님, 우리 교회가 작아도 목사님 설교 말씀에 마음이 위로받고 다시 살 힘을 얻어요."

그 한마디가 저에게는 주님께서 주시는 칭찬만큼 기쁘고 힘이 되었습니다. 그날 저는 깨달았습니다. "아, 이 한 영혼을 위해서도 하나님은 나를 이곳에 두셨구나."

영광이란 구약에서 히브리어 **"카보드"**로 존귀, 위엄,

권위의 의미로 사용되었습니다. 시편 19:1에 *"하늘은 하나님의 영광을 선포하고 그 손으로 하신 일을 나타내도다"*에서 영광은 창조를 통한 하나님의 위대하심과 존귀함을 나타냅니다.

신약에서는 **"독사"**란 단어가 사용되었는데, 하나님의 빛, 위엄, 아름다움을 나타내는 단어로 쓰입니다.

"말씀이 육신이 되어 우리 가운데 거하시매 우리가 그의 영광을 보니 아버지 독생자의 영광이요 은혜와 진리가 충만하더라" (요한복음1:14)

여기서 영광은 주님이 보여 주신 하나님의 본질적인 존귀와 거룩함을 의미합니다. 그렇다면 우리가 어떻게 하나님께 영광을 돌릴 수 있을까요?

하나님의 형상을 회복하는 것입니다

하나님께 영광을 돌린다는 것은 단지 예배 때 손 들고 찬양하고, 기도하며 "영광 받으소서!"라고 말하는 것으로 영광이라 할 수 없습니다.

정작 하나님이 받으시는 영광은 우리의 삶을 통해 그분의 형상을 회복하는 것입니다.

성경은 말합니다.

"하나님이 자기 형상 곧 하나님의 형상대로 사람을 창조하시되…" (창세기 1:27)

우리는 본래 하나님의 형상을 따라 지음을 받았습니다. **'하나님의 형상'**이란 단어는 신학적으로도 다양한 해석이 존재하지만 저는 하나님의 형상이란 두 가지 의미를 함축한다고 생각합니다. 하나는 **'하나님의 품성을 닮은 존재'**란 의미이고 또 다른 하나는 **'하나님이 가진 영(靈)의 속성을 가진 존재'**란 의미입니다.

존경했던 인천 산성교회 이천수목사님의 책 《예수공학》에 따르면 영이 없는 동물, 식물, 무생물 이하의 존재와 영을 가진 인간, 마귀, 천사 그리고 하나님으로 나누어집니다.

인간은 하나님이 영적 속성을 가진 존재로 지음을 받았습니다. 죄와 함께 영의 속성이 사라져 형체(形體)의 기능만 남았습니다. **영**적 속성을 잃어버림으로 하늘에 속한 존재에서 땅에 속한 존재로 살아가는 자가 된 것입니다. 우리가 예수 그리스도와 함께 회복될 때 영이 다시 회복됩니다. 다시 하나님의 형상도 회복되는 것입니다. 그것이 주안에서 새로운 피조물이 되는 것입니다.

"그런즉 누구든지 그리스도 안에 있으면 새로운 피조물이라 이전 것은 지나갔으니 보라 새 것이 되었도다" (고린도후서 5:17)

하나님의 형상을 회복합시다. 예수 그리스도를 통해 하나님이 허락하신 영을 회복하는 모두가 되시길 간절히 기도합니다.

하늘과 땅의 원리

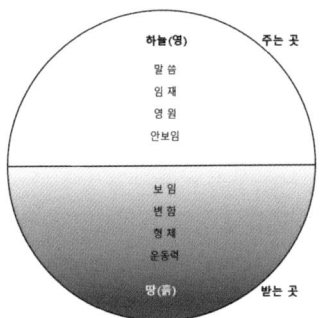

〈하늘과 땅의 원리-하늘과 땅의 권세에서〉

피조물 형체의 종류

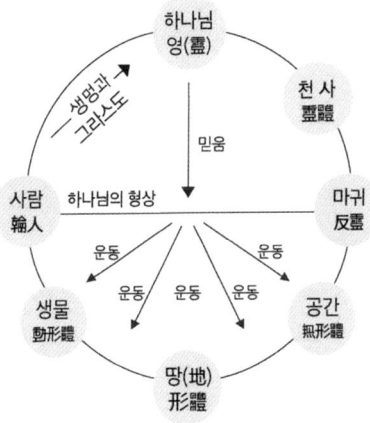

〈피조물 형체의 구성 -예수공학에서〉

하나님의 형상 중 또 하나는 하나님의 품성입니다.

한 선교사가 아프리카에서 사역할 때였습니다.

현지 아이 한 명이 선교사님에게 편지를 건넸습니다.

"선생님, 저는 하나님을 본 적이 없지만, 선생님을 보면 하나님이 이런 분 같다는 생각이 들어요."

선교사님은 이 편지를 읽고 조용히 눈물을 흘렸습니다.

그는 유명한 설교자도, 수많은 이적을 일으킨 사람도 아니었습니다. 하지만 그가 아이를 안아 주고, 웃어 주고, 고통 가운데 기도해 주는 그 삶 자체가 하나님께 영광이 되는 삶이었습니다.

사랑하는 성도 여러분, 우리도 하나님이신 주님을 통해 영을 회복하고 그분의 성품을 닮아가는 자가 되어야 합니다.

또한 우리가 하나님께 영광을 돌리려면 예배당 밖에서도 하나님의 사람이어야 합니다.

화가 날 때도 인내하며, 억울할 때도 의로움으로 대답하고, 기회가 있을 때마다 섬김과 사랑을 베푸는 삶.

이것이 바로 하나님의 형상이고 성품입니다.

마태복음 5:16에 보면 *"이같이 너희 빛이 사람 앞에 비*

*치게 하여, 그들로 너희 착한 행실을 보고 하늘에 계신
너희 아버지께 영광을 돌리게 하라"*

우리가 삶에서 하나님 닮은 모습을 보일 때, 세상은 하나님을 봅니다.

우리가 온화하고, 바르고, 인자하며, 정직할 때 그들은 말합니다. "당신을 보면 하나님이 떠올라요."

바로 그것이 하나님께 영광을 돌리는 삶입니다.

그것은 찬양보다 강하고, 기도보다 깊으며, 설교보다 오래 남습니다. 하나님의 형상이 회복되는 놀라운 축복이 우리들의 삶에 나타나고 증거되는 우리 모두가 되시길 기도합니다.

우리의 중심을 드리는 것입니다

중심은 우리 몸과 마음 전체의 핵심입니다. 중심은 우리의 삶 전체에서의 증거되는 나의 실체적 모습입니다. 그것이 우리의 모든 것이 될 수 있으며 나 자신이 되는 것입니다. 그래서 중심을 드린다는 것은 나의 모든 것을 그분께 드리는 것입니다.

하나님께서 보시는 것은 결과물이 아니라 그분을 향한 충성된 중심입니다.

"사람은 외모를 보거니와 나 여호와는 중심을 보느니라" (사무엘상16:7)

우리는 오늘도 그 중심을 드리기 위해 오늘도 묵묵히, 한 걸음씩 걸어가야만 합니다.

사랑하는 성도 여러분, 혹시 여러분도 지금 눈에 보이는 성과 없이 묵묵히 견디며 살고 계신가요? 가정에서, 직장에서, 교회에서, 혹은 누구도 알아주지 않는 그 자리에서 버티고 계신가요? 바로 그 삶의 자리가 하나님께 영광을 돌리는 자리입니다.

결과가 아니라 과정 속에서의 순종.

열매가 아니라 뿌리는 붙드는 믿음.

사람의 박수가 아니라, 하나님의 미소.

사람들은 모두 과정보다 결과를 중요시합니다. 그 과정이 어떻든 결과가 더 중요하다고 생각합니다. 어떻게든 이겨야 하고 이루어야 하고 나타내어야 합니다. 그것이 성공이고 자랑이고 인정입니다. 그러나 하나님의 생각은 다릅니다.

"내 생각은 너희의 생각과 다르며 내 길은 너희의 길과 다름이니라 여호와의 말씀이니라" (이사야 55:8)

보이는 것이 다가 아닙니다. 보이지 않는 것이 본질입니다.

"무리가 주목하는 것은 보이는 것이 아니요 보이지 않는 것이니 보이는 것은 잠깐이요 보이지 않는 것은 영원함이라(고린도후서 4:18)"

창세기 4장에서 하나님이 가인의 제사는 받으시고 아벨의 제사를 받지 않으신 중요한 이유 중 하나는 그 중심을 보셨기 때문입니다.
'내가 열심히 해서 거둔 저의 결실을 드립니다'와 **'하나님이 맡기신 것을 거두어 당신께 드립니다'**의 차이라고 생각합니다.
중심을 드립시다. 그것이 하나님께 영광을 드리는 것입니다.

하나님의 사명을 견디어내는 것입니다

하박국 선지자는 악인에 대한 하나님의 방관하심과 오래 참으심에 대해 울부짖으며 항의했습니다.

하나님의 대답은 **"기다려라 때가 이르면 이루리라"** 말씀하시며 이때 매우 중요한 말씀을 하십니다. *"의인은 그의 에무나로 말미암아 살리라" (하박국 2:4)*

사도 바울은 이 말씀을 로마서(1:17) 갈라디아서(3:11) 히브리서(10:38)등에 인용하였습니다. 로마서 1:17에 **"오직 의인은 피스테스로 말미암아 살리라"**라고 기록합니다. 이때 사용했던 단어 헬라어 **"피스테스"는** 믿음이란 의미가 강한 단어로 영어 성경과 우리말 성경에는 믿음으로 번역했지만, 원어인 히브리어 "에무나" 단어의 의미는 '견딤, 버팀'의 의미가 더 강합니다.

출애굽기 17장에 홍해를 건넌 이스라엘 민족은 아말렉과의 전쟁을 치루게 됩니다. 이때 여호수아는 싸우고 모세는 기도합니다. 아론과 훌은 모세의 팔을 들어 올려 승리를 이루게 되는데, 이때 끝까지 팔을 들어 올려 '버티다'라는 의미로 사용된 단어가 바로 **'에무나'**입니다.

그래서 하나님이 하박국 선지자에게 "오직 의인은 견

딤으로 말미암아 살리라"라고 말씀하신 것입니다.

견디어내는 것이 믿음입니다. 어렵고 힘든 상황에서도 견딤이 믿음이며, 이 믿음이 하나님께 영광이 될 것입니다. 무엇을 이루어서가 아니라 견디어서 말입니다.

이를 위해 우리는 순종해야 합니다. 작은 순종이 큰 영광을 만듭니다. 적다고 낙심하지 마십시다. 크고 많음이 하나님의 기준이 아닙니다.

"너희를 택하심은 너희가 다른 민족보다 수효가 많기 때문이 아니니라 너희는 모든 민족 중에 가장 적으니라" (신명기 7:7)

사울이 스스로 작게 여길 때 그를 택하여 왕으로 세우셨지만, 그가 스스로 할 수 있다고 주장할 때 하나님은 그를 버리셨습니다.

올림픽에서 금메달을 따거나 유명 피아니스트로 우리의 삶이 화려한 성과로 빛나지 않아도 괜찮습니다. 주어진 삶의 자리에서 묵묵히, 끝까지, 하나님을 붙들고 그분의 부르심을 지켜가면 됩니다. 하나님은 그런 삶을 통해 도리어 가장 큰 영광을 받으십니다.

저도 목회현장에서 버티며 견디어 내고 있습니다. 여러분도 아직 이루지 못했거나 응답받지 못한 기도가 있다면 버티어내시고 결국 승리하여 하나님께 영광 올리는 자가 되기길 기도합니다.

어렵던 시절 청교도들의 인사법이 있습니다. 우리 어르신들이 힘들었던 시절 "아침 드셨습니까?" 라고 인사했던 것처럼 그들은 이렇게 인사했습니다.

"가장 좋은 것은 아직 우리에게 오지 않았습니다!"
"The best is yet to come!"

주님은 가장 좋은 것을 예비하고 계십니다. 견디고 기다리면 말입니다. 이 땅에서가 아니라면 저 곳에서 말입니다. 그리고 그 길 끝에서 우리는 주님의 음성을 듣게 될 것입니다.

"잘했다, 착하고 충성된 종아"

사랑하는 여러분, 오늘 이 말씀과 간증이 여러분 각자의 삶에 힘과 위로, 그리고 새 도전이 되기를 주님의 이름으로 축복합니다. 아멘.

마치는 글

이 책을 마무리하며, 우리는 다시 한번 우리의 삶이 어디를 향해 가고 있는지를 돌아보게 됩니다.

예수님의 초대는 우리 모두에게 동일하게 주어진 은혜입니다. 하나님은 우리의 삶의 자리에서, 때로는 예상치 못한 순간에, 혹은 가장 약할 때 부르십니다. 그리고 그 초대에 응답할 때, 우리는 완전히 다른 길을 걷게 됩니다. 부르심을 따라 걸어가는 길은 결코 쉽지 않지만, 그 길 끝에는 하나님의 충만한 사랑과 놀라운 계획이 기다리고 있습니다.

특별히 아직 주님을 만나지 못한 분들이 주님의 음성을 듣고자 하는 소망을 갖기를 소원해 봅니다. 믿음의 길에 들어선 분들은 이제 우리의 걸음을 다시 일으켜 세워야 할 시간입니다. 과거의 실패와 후회, 그리고 아직 이루어지지 않은 삶의 모든 것을 하나님께 맡기며, 다시금 믿음의 발걸음을 내딛기를 소원합니다.

책을 읽는 모든 분들이 하나님의 초대에 담대히 서서,

자신의 자리에서 하나님께 영광을 돌리며 살아가기를 소망합니다.

끝으로 교회를 개척하며 모든 일은 주님이 하셨지만, 사람들을 통해 일하시기에 도움을 주신 많은 분들이 있습니다. 모두에게 감사의 마음을 전합니다.

또한, 어려운 상황마다 기도하며 동역하며 헌신한 우리 아내에게 큰 고마움의 마음을 전합니다.

지금까지 나를 구원하시고 견인하여 사명자의 길로 인도하신 주님께 가장 큰 영광과 존귀와 감사를 올려 드립니다.

3번의 부르심

ⓒ 조인상, 2025

초판 1쇄 발행 2025년 9월 22일

지은이	조인상
펴낸이	이기봉
편집	좋은땅 편집팀
펴낸곳	도서출판 좋은땅
주소	서울특별시 마포구 양화로12길 26 지월드빌딩 (서교동 395-7)
전화	02)374-8616~7
팩스	02)374-8614
이메일	gworldbook@naver.com
홈페이지	www.g-world.co.kr

ISBN 979-11-388-4729-2 (03230)

- 가격은 뒤표지에 있습니다.
- 이 책은 저작권법에 의하여 보호를 받는 저작물이므로 무단 전재와 복제를 금합니다.
- 파본은 구입하신 서점에서 교환해 드립니다.